JN418664

오름시인선 · 6

무릎 꿇는 나무

오름시인선 · 6

무릎 꿇는 나무

펴낸날 _ 2011년 4월 28일
지은이 _ 안치호
펴낸곳 _ 기획출판 오름
등록번호 _ 동구 제 364-1999-000006호
등록일자 _ 1999년 2월 25일
주소 _ 대전광역시 동구 삼성1동 122-2
전화 _ 042.637.1486
팩스 _ 042.637.1288
E-mail _ orumplus@hanmail.net

ISBN _ 89-90151-52-0

값 8,000원

무릎 꿇는 나무

| 안치호 시집 |

책을 펴내며

육십년을 앞만 보고 달려온 나의 길은 잘 가꿔진 포장도로는 아닐지라도 걸음걸음마다 나의 체취가 묻어있는 의미 있는 길이라고 믿고 싶다.

사람 사이에서 서로 부대끼며 사는 게 인생 사는 맛이라고는 하지만, 솔직히 요즘 난 지쳐가고 있다.

청량한 바람과 물길 순한 어느 한적한 산골에서 지난날을 반추하며, 잘못한 것들을 뉘우치기도 하며 세상을 관조하고 싶다. 세례교인으로서 세상을 탐닉하는 부끄럽기 그지없는 삶을 접고 니이체의 인생항로 3단계(낙타-사자-유아)에서 키에르케고르의 3단계인 〈미적 단계-윤리적 단계-종교적 단계〉로, 이젠 이성에서 영성의 단계로 올라가야만 될 것 같다.

나의 시가 몇몇 문예지에서 신인상을 받고 게재 된 지가 19년, 첫 개인시집을 선보인지도 2004년 2월이니까 벌써 7년이 넘은 셈이다. 동료 및 선후배님들은 1~2년에 한번 씩은 개인 시집 발간을 하고 있지만 무능하고 게으른 탓에 이제야 겨우 두 번째 출판을 하려고 한다.

만나면 헤어지는 것이 자연섭리지만, 知友와의 영별과 부모님과의 사별을 겪고서야 만남이 영원하지가 않다는 진리를 새삼 느끼고 있다. 이런 느낌은 이번 시의 모티브로서 작품저변 곳곳에 소묘되었다고 볼 수 있으며, 주위에 있는 분들의 소중함을 재인식하게 한다.

부족한 나의 시에 대해 관심 베풀어주시고 곡진한 평설을 써주신 문학평론가 송하섭 교수님께 감사의 말씀 드린다. 더불어 표지그림과 삽화를 그리느라 애쓴 나의 막내 지애에게도 고마운 마음을 전한다.

그리고 재미도 없는 나의 시를 읽어준 동료들에게 지면을 통해 감사함을 전하며, 항상 지도 편달해주시는 선배님들께 머리 숙여 존경의 말씀 드린다. 앞으로도 지속적인 관심 가져주시길 바라며 질정(叱正)을 기대한다.

2011년 4월

안치호

■ 차례

나뭇잎 하나

거리의 봄

나뭇잎 둘

떠나도 좋은 날이기에

나뭇잎 셋

흐르는 강물에 썰리는 이름일지라도

나뭇잎 넷

이별의 잔상

나뭇잎 다섯
불의 변주, 정채로 영생하다

나뭇잎 하나

거리의 봄

그렇게도 길게 느껴지던 어둡고 찬 겨울의 언저리에서
샛노란 복수초의 꽃망울을 보며, 어느 시인이 노래했듯이
봄이 다시 온다는 것은 우리에겐 분명 기적이다.

아지랑이 피는 봄 언덕 너머 반가운 손님이 올 것만 같은
설레는 맘으로 첫 장을 펴 보인다.

가슴의 해

뜨거운 가슴 출렁인다
맨 밑바닥에서 새해가 차오른다
점점 주체할 수 없는 기쁨의 눈물 샘솟아
온몸을 적신다 희망에 싸인다
일몰을 향해 저문 길 가는 사람아
고개 돌려 새벽 빛 보라
어둔 세상 밝히려 차오르는 저
거룩하고 참된 마음을

가슴에 푸른 바다 뛰어든다
수평선 저 너머 깃발 향해 바람이 분다
인고의 끝
오랜 기다림의 열매
소망을 쥐고 결승을 다짐한다
죽을 때 까지 이 걸음으로 갈
나의 길로, 저 만큼 먼저
빛이 인도한다.

〈시와 인식 8호 / 2008. 겨울호〉

동백에게

멀리 갔다 돌아온 사랑은
기억을 닫고
붉은 가슴 통째로
떨어져 내린다

잡힐 듯 달아난 계절 너머로
독백 하나
노란 꽃술로 맺히든 날
타는 입술 깨물고
고개 떨구던 너

다시 사월은 오고
옛일 하나
뚝뚝 멍울져 내리면
보듬지 못한
지난 세월이 송이채
뜰 안 가득 눕는다.

〈문학시대 24호 / 2010. 여름호〉

거리의 봄

- 실직자의 운명 앞에서

쓰러져 누운 자 있다
어둠의 끝으로 밀리는 자 있다
차가움에 굳어가는 자 있다

실패한 과거를 쓰고 웅크린 저
부랑자들 보이는가
싸늘히 식은 거릴 돌다
막다른 길 앞에서 걸음 이제
멈추려 한다

여기저기서 쏟아지는
햇살 가득 받고
희망찬 새싹으로 키울 수 없는가
다시 일어날 수는 없는가

봄빛은 거리마다
넘실대는데.

〈대전문학 36호 / 2007. 여름호〉

동자꽃

캄차카를 떠난 지 얼마인가
물은 기억의 편린을 쓸어안고 바다로 간다
만나는 물길 마다 부등켜안으면
더 큰 설렘이 되리라

눈 속에 얼어 죽은 까까머리 동자승
태양빛이 얼마나 그리웠으면
한여름 붉게 돋아 저리도
제 몸 태울까

눈 녹은 캄차카의 물이 하늘로 솟구쳤다가
깊은 산속, 해 닮은 얼굴
동자꽃잎에 머무른다.

〈호서문학 35호 / 2005. 여름호 특집〉

민들레

하늘 가득 빛이 날다

시베리아 툰드라 지대
꽁꽁 갇힌 봄, 대동강 풀리듯
압록강을 타고 한강 낙동강으로
흘러, 여기 버드내 둔치에
몸을 푼다

내 고향 남쪽
어머니 무덤가도 지금쯤
민들레 피었겠다.

〈대전문학 47호 / 2010. 봄, 대덕문학 8호 / 2004〉

눈송이

보도 위를 걷다말고
돌아서는 발걸음

닫힌 입 다시 벌려
받아보는 눈송이

〈문학마을 / 2010. 여름호〉

제비꽃

발바닥에 밟혀
꽃대공만 보이는
비탈길섶 제비꽃

〈문학마을 / 2010. 여름호〉

도산십이곡

태백산맥 석천호에서 발원한
낙동강은 경상도를 어울러 흐른다
먼 산자락 골골이 모아놓고
목쉰 주모의 갈라진 열두 여울 가락으로
열여섯 살 난 언년이가
머리채 다풀다풀 물결 만들며
수줍게 밀양발례 글 짓는 땅 돼기를 돌다가
격조 높은 시심(詩心)에도 감기다가

타드랑 타드랑
바위 밑 흘러 도리를 배우며
일하(一瑕)에도 엄격해 진다
물마루 찰람대는 물결을 따라
깃을 치는 호반새, 저
깃털에 붙은 애달픈 옛 자취를 머금고
수평 이루려 지금, 바다로
간다.

〈문학시대 22호 / 2009. 여름호〉

광설(狂雪)

- 눈의 혁명

무엇이
저들을 미치게 하는가

원색의 무명천자락
하늘 가득
광폭의 펄럭임으로
내려앉는다

우수(雨水) 지나 경칩(驚蟄)인 오늘
춘설은
폭설로 세상을 다 지워버린 지금
구비 구비 계족산 자락
카오스의 새벽이 열린다

누가
저들을 독야청청 살라 했던가

번쩍이는 섬광 앞에
표호하며 꺾이는 노송
목화밭 가득
피의 향기 자욱하고

무너진 곳 마다 깔린
희망 같은 봄
춘삼월 꽃상여위로 떠도는
하얀 나비 떼들이여.

〈대전문학 30호 / 2004. 여름호〉

그리움 1

엄니이 불러보면
꿈길 가득 찔레꽃 피고

〈대덕문학 14호 / 2010〉

그리움 2

큰바람엔 꿈적도 않다가
한 방울 눈물에 흔들리는 뿌리

〈대덕문학 14호 / 2010〉

그리움 3

산모퉁이 돌면
젖무덤 홀로
단상(斷想)에 젖어있고
주저앉은 봉분 너머로
애잔타
하얀 넋, 나비

〈호서문학 46호 / 2010. 겨울호〉

달맞이꽃

실눈 뜨고 바라보는
남빛 하늘가
해님 몰래 숨어서
낮달이 떴다

수줍어 수줍어서
구름 속에만
애틋하게 간직한
그리움 묻고

실개천 밤안개로
촉촉이 젖은 눈
얇디얇은 노란 꽃잎
입술 깨물면

둔덕마다 구비 도는
숨 가쁜 향내
휘영청 밝은 달빛
가슴에 안고

귀또리 우는 갈밤

깊어갈 때
고개 드는 그대
밤에만 웃음 피우는 꽃

〈문학공간 / 1995. 3〉

목천 가는 길

큰길 버리고 꾸불꾸불
옛길로 간다
조치원 지나 목천 가다보면
눈부신 오월의 신록에, 닫힌 마음
하나씩 열리고
아련한 추억, 안개비로 온몸을 적신다
연한 칡순 사이로 꿩이 날고
굽이치는 산줄기 따라
보일 듯 말듯 남겨진 우리의 체취에
그리움 울컥 솟아 눈을 감는데
한 방울, 정한(情恨)을 머금은 비가
떡갈나무 잎 위로 구른다
잊지 못할 시간들이 비에 씻겨가고
뿌연 물안개 속에
정겨운 얼굴 모여들다
흩어진 자리
오도카니 서 있노라니
마음 깊은 곳 까지 비가 스민다.

〈대전문학 40호 / 2008. 여름〉

나비바람

나비들의 바램

퍼덕이는 작은 날개짓이 모여
거센 바람이 된다
억눌림이 튕겨 나와 온 세상을 흔들며
북으로, 북으로 노도는 그렇게
말발굽보다 요란하게 달린다 흩어진 섬들과
잠자는 바다를 깨워 물기둥으로 곧추 세운다
미친 듯 솟구치다가
해일로 동해의 자잘한 열도까지
뒤엎는 민심, 고위관료들 둥둥 떠나보내고
마지막 양심만 건지고 싶다

태풍나비의 뒤를 쫓아 여기
울산 방어진의 일진해변에 왔다
배 멀미 울렁대는 동해는 아직
모래바람으로 울고
추레한 포구를 부끄러운 듯
노을이 물들인다.

〈대덕문학 10호 / 2006〉

야화

밤에만 눈뜨는 여자

까만 내 맘 불 밝히려 하나 둘
별빛을 연다
허어연 베적삼 파리하게 두르고
향기 그윽한 몸짓
어둠 따라 흐르다가 어느
조용한 풀섶 알몸으로 누인다
꿈틀대는 모든 것들은 다 붙잡고 싶은
화냥기 많은 여인, 바람 타는 이 밤에
게슴츠레한 시선으로
나를 본다.

〈호서문학 37호 / 2006. 여름호, 대덕문학 / 2007. 11〉

종려 죽

한파가 휘몰아치는 날이면
너의 안부를 묻는다

햇빛 충만하던 고국을 떠나
분광(分光)처럼 부서지는 항로를 건넌 너의
열 하룻길은 어둡였다

그리움은
한걸음씩 마디로 자라, 달빛 흐린
창가에 서서
가락진 얇은 손을 뻗는다

숨죽여 남십자성으로 향한다.

〈새벽 / 2011. 1. 20〉

쉰 세 번째의 봄

지난 겨울 내 인생 쉰둘의 길을 지날 때
둥지 채 흔들던 매몰찬 바람에
아픔은 아픔에게 상처는 상처에게
신음하지 말도록
아픈 흔적 감추라고 경고했다
잃은 것들 다 잊고 싶어 삭풍 향해
팔을 더 크게 내미는 나목
쉰 하고도 셋의
이 찬란한 봄의 중심에 서서
끝으로 밀려난 가지를 위해
내 마지막 남은 사랑을 위해
발밑부터 물이
솟구친다.

〈문학시대 17호 / 2006. 가을호〉

새벽바다

갓 피어오른 새벽 헤치며
겨울바다 다가가
가슴속 오래 묵은 멍울 하나 던진다
독살에 갇힌 숭어처럼 물살이 빠져나간 자리에서
펄떡펄떡 몸부림치다
시퍼렇게 맺힌 상처가 잠겨간다
썰물이 쓸고 간 빈 바다엔 허망함이
수평선을 이루고
이제 남은 건 해변을 기어오르고 싶은
저 파도 뿐인데
모두를 사랑하면서 산다는 게
말처럼 쉽지 않음이야
몸속 멍울진 곳 어둠이 빠져나간 자리에
새벽이 출렁인다
갈매기 날개짓 따라 사면으로
바다가 흩어진다.

〈문학시대 16호 / 2005. 가을호〉

진양호에서

분수처럼 용솟음치던
그리움도
물거품으로 사라지고

이별의 아픔만
기슭으로, 기슭으로 자꾸
밀려가는데

보드라운 대숲의 일렁임은
여울진 봄빛 마음
흔들고 있네

옥빛 물살 가득 담은 너
진양호여,
옛정 찾아 노 저어
떠나고 싶어라.

〈대덕문학 9호 / 2005〉

청벽다리를 건너서

- 금강의 물소리

백제의 고도 웅진성을 돌아서
무심한 역사는 흘러간다
무너져가는 둔치의 소리로
모래를 썰다가
더러는 격랑으로 휘돌며
강섶 부들 사이 젖은 바람으로 인다
번뇌의 칼로 설원을 눕히면
흔들리는 몸짓,
갈대울음으로 어제와 오늘이
낮게 스미어
망국의 아픔만 출렁인다
그 청벽에서
꿈 살라먹은 동토는
저변에 깔린 무수한 편벽을 내치고, 다시
얼음 밑 시린 강물로 살아
새 역사를 새기려 간다.

〈2011. 1. 27〉

기다림의 열매

궂은 비 속에서도 가끔 내미는
해의 얼굴
희망도 이와 같아라

길고 긴
먹구름 헤치고 조심스럽게
다가서는 열림의 세상

하늘 열고서야 태어나는
가을은
기다림의 한 떨림이리라

기쁨 하나
구름 속 솟구쳐 올라
이슥고
소망에 다다르는 것.

〈대덕문학 8호 / 2004〉

나뭇잎 둘

떠나도 좋은 날이기에

잠자던 기억을 깨워 달구지에 싣고
본향으로 간다.
구불구불한 언덕길과 뽀얗게 먼지
날리는 들판을 가로질러 초심을
찾으려 간다.
기억의 실타래를 한올한올
풀고자 여울목을 건너고
먼지 풀풀 날리는 황토길
을 동행하며
나뭇잎 하나 흔들릴 정도의
목소리로 당신께 전하고 싶다.
그것은 여행길에서 끝없이 갈망
하고 기도하던 내안의 벽을 뛰어넘는,
잠재력을 찾아 때론
방황하며
고뇌하며
감동하며 슬퍼하기를, 그리고 절망
의 늪에 빠져있던 긴 시간이었기에
소중할 수밖에 없다.

만리포 건너 천리포,
곁에 천리포수목원

백리 가면 백리포, 천리 길엔 천리포
가다보면 만리포
모래알 세상 사람 거친 파도 따라
구만리 인생 깔리는 곳
설핏설핏 뚫린 송림 사이로
한 아름 포구가 품은 천리포 거기
남색 바다 띄운 수목원 있다
한국의 참전용사가 귀화한
*민병갈 생애가 있다
은밀히 희귀식물 태초로 씨 뿌려
올 곧게 심겨진 그가
엎드린 곳, 가지런히
숨결 일렁이고 있다 아름다운 세상
찰람대고 있다.

* 민병갈 : 미국인으로 6.25 참전용사로 왔다가 우리나라의 산수에 반해, 제대 후 다시 한국으로 건너와 천리포 해변을 낀 임야를 총재산을 털어 구입, 한국의 자생식물은 물론 외국의 희귀식물을 가꾸어 오다가 몇 년 전 작고했다.

〈기행문학 창간호 / 2009, 호서문학 44호 신작특집 / 2009. 겨울호〉

안성목장에서

초록이랑 저 멀리
병사처럼
젊은 소떼가 내달리고
지평선 가득
아낙들의 거친 숨소리 깔리는
사월의 목장

저어기
저 미루나무 가지 끝에 걸린
회억 하나
꿈결로 펄럭대면

베적삼 홍건히 적신 첫정
종다리로 살아서
잡초는 욕정처럼 일어섰다가
바람결 주저앉고

온 십리길 울타리 돌며
젖 냄새 밴
찔레꽃, 그 매콤함이 아랫배를
쪼르륵 훑어 내린다.

〈호서문학 45호 / 2010. 여름호〉

고복저수지에 가면

노랗게 익는 빛벌 사이로
세월 거슬러 추억을 캐러 간다
억새 구비치는 언덕길 저 너머로
청머루 향내 흩날리는 포도원 지나면
은물결 반짝이는 곳
행복 빛은 장대 끝에 희망 매달아
오늘을 낚는 곳
비잉빙 설렘으로 굽어진
한가론 길을 따라 사슴이 숨 고르는 거기
넝쿨에 덮인 누옥 하나
밤마다 별빛 쏟아 내
시(詩)의 물결 넘쳐흐르는 곳

고복호수에는
넋 깃든 내 고향집이 아직
통째 잠겨있다.

… 바람 맑은 가을날 〈구름나그네〉에서
〈기행문학 3호 / 2010. 10. 27〉

대숲

대숲에 서면
어린 상념 밀고나오는 하늘 소망이 있다
시련은 마디가 되어 꿋꿋한
오늘이 되고
다 이루지 못한 푸른 꿈으로 하여
속빈 공허 속에서도
서걱서걱 청록바람을 키운다
초록이슬 맺은 잎마다 슬픔 누르고
동색으로 어우른 계절
지축 흔들던 뇌우에 맞서 여럿 움켜쥔 뿌리
땅속에서
선비의 후예, 죽순으로 일어선다

곧은 숨결로만 자란
대숲은
굽힘 없는 지존이 묻어나, 독야청청
마디마다 품어
서슬 푸른 독백이 살고지고.

〈호서문학 40호 / 2007. 겨울호〉

비켜선 여름, 다가오는 가을

대전을 떠나 중부, 영동 고속국도 타고 여름은 그렇게 갔다
원주의 영릉(英陵)과 신륵사엔 이미 없고, 목아(木芽) 조각상에 살짝 비치다
머언 하늘가 뭉개구름이 된 여름, 그렇게
자정넘게 뜨겁던 열정도 강원도 횡성의 쬐만 산촌에서 다 타
버렸다

횡성을 떠나 평창 봉평에 가서, 아직
메밀꽃 덜핀 산허리 굽어보니
가을을 손에 쥐고 선 가산 이효석(李孝石),
그 서늘한 심기가 장터를 메운다
아아, 그렇듯 가을이 온다는데
고개길로 이고지고 온다는데
울렁울렁 차멀미 타고 핏기없이 돌아와
일상에 매달리자니
공허의 저 아스라이 먼, 찾고 싶은 이름 이름
흩어질 뿐

내겐 아직 가을이 멀다.

〈호서문학 36호 / 2005. 겨울호〉

가을이 오면

가을이 오면
묵음으로 부르는 구도자의 조가(弔歌)에
가만히 귀 기울여도보고
지난 여름 열애로 이미 타버린
마른가지 끝
지연(紙鳶) 하나 매달아 추억도 반추하며
푸르른 기운 일으켜서
금물결 넘실대는 언덕 너머로
젊음의 끈, 가만히 당겨도 본다

가을이면 이유 없이
입안이 타고
떠나는 뒷모습에 가슴 저린다
싸늘한 기억일랑
볕살 좋은 양지 녘 눕혀다 놓고
하늘 향해 외치리라 그대
아직
사랑한다고.

〈대덕문학13호 / 2009〉

고엽(枯葉)

울음 삼켜 지은 웃음 하나
가지 끝에 달고
감내한 고통 위에 불 밝히며
동고동락한 초록의 동행
여름내 달궈온 숨결 녹인 사랑인데
된서리 삭풍에 부르르 떨다가
색 바랜 마른 잎 하나 뚝
땅위에 내려놓는다.

영원으로 맺은 사랑 빛 잃음에
마른 잎사귀마저
돌고 돌아 발밑에 깔리고
쓴웃음 흩어지는 초라한 시간 끝에서
부끄러운 흔적들 쓸다가
거친 살갗 우수수 부서져 내린
조락한 나그네 얼굴
눈물 마른 통곡의 고별식에
조등(弔燈)하나 들고
엎드려 참배하는 늙은 계절이여.

〈문학시대 18호 / 2007. 여름호〉

동해에서

동으로 동으로 말발굽 우렁차게 달린다
험산준령 진부, 대관령도 굴길 열려 수월하다
묵호와 삼척 걸친 동해시
에서 머리는 송림에 두고 바지 걷어 정강이 까지 태
평양을 들이면
투명해서 너무 파래서 눈물이 난다 파도야
지천에 깔린 모래알 보다 더
뜨겁게 달구었던 열애 조각들은 지금
어디로 밀려나 있는가

만선의 오징어 배 두어척
그림동화가 되어
저녁노을 가득 싣고 갈매기도 싣고
출렁출렁 물결을 탄다 행복을 탄다.

〈호서문학 44호 신작특집 / 2009. 겨울호〉

떠나도 좋은 날이기에

한 점 또 한 점 저 홀로 깊어지는 너
몸짓으로 작별인사를 하듯
먹 바위로 돌아앉아 말이 없다
가슴으로 넘쳐
타오르는 불길, 만산홍산 뒹굴어도
허리춤엔 아직 식지 않은 기억들로
찬연한 계절
우수수 우리들의 인연이 바람에 진다

가슴에 묻힌 수많은 묵언들을
낙엽인 듯 추산 가득 뿌리고 떠난
너를 찾아 홀로 지새운 밤으로 하여
온통 젖어버린 길,
우수수 푸른 날들이 진다

마른기침 펄럭대는 등을 돌린 채
아무 일도 없었다는 듯이
우린 그렇게 떠나고 있었다.

〈문학시대 25호 / 2010. 겨울호〉

낙안읍성에서

나 이제 돌아가리
옛 읍성 낙안성으로 가리
돌담 너머 이웃들 정담소리 들리는
그 시간으로 가리

질펀한 사투리에 국밥을 말고
큰 사발막걸리 한잔에 족한
인심을 맛보고
질화로에 낫 벼리는 대장간과
원앙이 솟대 목공예장도 들러
떠나가는 이 만추자락에 나무못을
박아도 보리

댕강댕강 풍경소리 맨손으로 굽는
독짓는 여인 홀로 두고
골목길 굽도는 여울물 따라
그 자리 그 모습으로 서있는 성곽

객사 툇마루 걸터앉아
주모가 내다준 탁주 한 잔 앞에 두니
어느새

산기슭으로 모여든 물안개에
그댄 비에 젖고
내 마음 추억에 젖어
성안은 온통 한기에 쌓이리

그래도 나 다시 찾으리
고색창연(古色蒼然)한 옛 자태 찾아 가리
봄비 추적추적 내리는 날이면
돌담에 서린 정 또 찾으리.

〈대덕문학 / 2007. 11〉

만추서정(晩秋抒情)

때로는
사랑의 구속과 가장의 잘난 권리도 없는
그런 세상에서 살고 싶다
묶여있는 인연의 줄 다 끊고 철저하게
혼자이고 싶다 그래서
독한 외로움 풀어 자유케 하여
망종(亡終)길 다 가도록 이 독선의 뾰족함
내 얇은 살갗 문질러서
차라리
곤비(困憊)함으로, 온유함만 간직하고 싶다

으스름한 저녁 늦가을
마른 잎 쌓인 호젓한 산길에서
혹여 생의 바퀴 멈춰지는 날
놀진 하늘 올려다보며
바람처럼
떠나고 싶을 때 있다.

〈호서문학 38호 / 2006. 겨울호〉

섬강을 따라간 이유

눈길 닿는 골마다
불타는 태백산맥 언저리에서
마지막 축제의 장을
안개로 덮던 날
내 어깨에 기대어 선
여린 한 마리 산짐승 같은
고독으로 인해
추억은 낙엽 되어 쌓여만 가고
먼 길을 돌아 돌아서
삼백예순 닷새, 마냥 독백으로만
살아있는 섬강
속삭이듯 때론 울부짖듯
길다랗게 과거를 달고 역사 속으로
흘러가는 강물
말없이 떠나온 흔적이
어제로 스며있다

흐름 속에서
금방 지워질 내가
없는 듯 서 있다.

〈기행문학 창간호 / 2009〉

영월 가는 길

경부고속국도를 거쳐 중부선, 장호원 내려 38번 국도로 간다 영월로 간다

남한강 건너 산 굽이굽이, 어린 단종 유배 길 간다

누렇게 익은 황금들녘 지나 인적없는 산길 서면, 어느새 독한 외로움 타는 방랑자여라

숨 가쁜 비탈, 천둥산 마루 밑 쓰러질 듯 삼십년 버텨준 주막이 고맙구나

내리막길 치달을 적 내 나이 마흔 쯤의 기억이 되살아, 이 가을여행 또 한번 가슴을 두드린다

박달재, 금봉이 없어 울어줄 이도 없는데 저만치 고개길 넘어

맑은 물줄기에 시름 다 풀어놓고 휘휘 늘어진 낙락장송 마중으로 장릉에 서니

어라연 휘돌던 창파도 청령포에서 목 놓아 울더라

갈은 갈수록 깊어지고, 가면 오지 않을 세월을 엮어 강물에 흘러 보낸다

동강에서.

〈기행문학 3호 / 2010. 10. 27〉

청송(靑松), 그 깊고 푸른 숲에서

무슨 사연이길래
용포자락 벗어던지고 태백산맥 비봉산,
중대산, 태행산, 무포산을 두고
무섭도록 고요한 주방산 기슭에 은둔하였노
산자수명(山紫水明) 절경 속으로
백련의 한을 담고 구비치는 폭포
속살 드러내 놓고 산허리 감아 돌며
재잘거리던 흐름은
속세의 탈 모두 벗고 숨죽인 합장으로
가라앉는다
발길 멈춘 곳 마다 주왕의 시름
소슬한 바람으로 맴돌고
선녀탕 둥근 물줄기 타고 백련의 옥구슬 가락은
객심을 적시는데
짙푸른 송림, 끝내
표정이 없다.

〈기행문학 3호 / 2010. 10. 27〉

*해가온에서

바다가 빠져나간 개펄은 적요하다

가을 햇살 등에 진 바다새 무리
사색은 백중사리를 따라
갔다가 멀리 돌아오고
나그네의 검은 눈물 기억도
아련한 석양빛에 눈멀게 하던
기름때 건진 손길 너머로
지금, 포구는 저 먼 파도를 품안에 들여
아픔 잔잔히 헹구고 있다

되찾은 물결의 일렁임 끝에
바지락 키조개 백합의
춤사위, 빠알간 머드팩으로
생애 한 번의 불놀이에
욕정의 불판위로 바다가 열리고

출렁출렁
창해가 밀려온다.

* 해가온 : 바다 가운데라는 뜻의 해변식당이름

〈문학시대 23호 / 2009. 겨울호〉

숲속의 빈터

산등 위로 길을 튼 무학산
온갖 발자국으로 다져져
등 굽은 산
사계절 바람결에 없는 듯
꽃이 피고
있는 듯, 낙엽으로 비워낸
무소유의 산

어머니 같아
부르튼 맨살에 볼 부비며
사무친 그리움
뒹굴며 털어내든 산
빈터 남기어
지쳐 돌아온 영혼 거둬주는 산
낮게 엎디어 기다리는 산
일생을
고해의 섬으로 살아가는 산.

〈기행문학 2집 / 2010. 4. 12〉

곶자왈의 하루

터진 아가리로 뿜어낸 유황불로
거짓 모두 태운 신성의 땅, 은총의 초록 비
내리던 날
늘 푸른 숲은 이미, 종가시나무 구실잣밤나무
고로쇠 거자나무가지로 새를 품어
동박새 개똥지바귀 멧새 멧비둘기 푸드득
숲을 흔든다
떼까마귀 빙빙 이방인의 접근을 막지만
화산토 밑바닥의 커다란 숨구멍은
오히려
갇혔던 사유의 길 터준다
다랑쉬오름에는 지금
아왜나무 비목 팽나무 무환자나무 자귀나무 예덕나무
살고, 자란 대엽풍란 소엽풍란 콩짜개난이 향을
지핀다 태고적 자연의 숨결로
때죽나무 녹음사이로 솔부엉이 날고
덧나무 가지에 앉지 못한 흰 빰 검둥오리처럼 나는
서툴게 하루를 산다.

〈호서문학 35호 / 2005. 여름호 특집〉

그대는

낙조 향한 새들의 군무
퍼덕이는 날개 짓
본적 있는가

밀림 헤매다 지쳐 누울 때
이름 없는 꽃향기로 다시
깨어난 적 있는가

머물 곳 없어
나룻배 하나에 흘러 흘러서
떠돈 적 있는가

삶이 지루하다고 여길 때
암병동의 떠난 영혼을 붙들고
아직 살아있음에
감사하고 있는가 그대는.

〈대덕문학 9호 / 2005〉

등정기(登頂記)

물보라 진 계곡을 따르다 더러 오솔길도 걷고
암벽 기어오르며 거친 숨과 뜨거운 땀 흘려
도달한 산정(山頂)
구비치는 겨울산맥은 잿빛 털을 세운 거대한 짐승으로
꿈틀거리다 도약 위해 웅크리고 있다
독한 외로움, 눈보라와 폭풍우 굳게굳게 끌어안고
계절을 품어 잉태한 태초의 봄
이제 숨 고르며

산고(産苦)를 기다린다.

〈호서문학 38호 / 2006. 겨울호〉

단풍

떡잎부터 빛으로
모은 방
시간이 쌓인 잎자루는
영롱한 불꽃인데
어둠과 찬 이슬 삭혀온
너의 기나긴 여정
잎파랑이 따라 땀땀이 수놓은
형형색색의 미소
천둥소리 내려앉은 잎 가득
온 유월 햇살 받고
먼 산가 뿌옇게 비 서린
먹구름타래 받아
활 활, 맨 살갗 태워 빚은
너의 꿈꾸던 색채

찬연한 갈망의 무늬.

〈호서문학 38호 / 2006. 겨울호 신작특집〉

영평사

장군산 자락 하얗게 별빛 깔릴 때
골골이 울리던 꽃 잔치에
추심의 가락으로 춤추는 자 뉘 이니까

금강을 휘젓고 산마루턱 넘어와
다발로 안기는 꽃향기는
누구의 이름으로 주는 선물이니까

만추라 잎은 불타오르고
벅차오르는 황혼 나그네에게
누가 하이얀 웃음 거저 주니이까

구절초 차 한 잔으로 진정시킨 마음
바람길 난 경내를 소요하자니
행복에 겨워 눈물조차 뺨을 타니이까
누구의 공덕으로 여기 있게 하니이까.

〈서구문학 11호 / 2006〉

오두산 통일전망대에서

내 오랜 지병이
너를 보듬지 못한 가슴앓이든 것을
가시철망이 막아선 강변을 따라
북녘 향해 달린다
말없는 저, 임진강이 이념의 굴레라면
자유로(自由路)는 지금 수감 중이다

임진강이여, 자유로여
이 오랜 지병
너를 건너지 못한 한탄인 것을
한껏 부푼 오월의 정오
자유 머금은 잎새는 빛나건만
강 너머 흐릿한 너의 모습 초췌하구나

무심한 강물처럼
흘러가는 내 동무들이여
북촌 향하는 저 물새 떼 따라 날고 싶어라
여기, 오두산 통일전망대에 서서

눈 시립도록 바라만 보다 이렇게
무거운 발길 돌린다.

〈호서문학 35호 / 2005. 여름호 특집〉

월평공원에서

빛이 머문 자리마다
고개 내민 초록 이파리들,
빛줄기는
바람 뚫고 퍼덕이는 잎자루에
얹혔다가 까칠한 껍질 속을
비집고 들어가
나이테 하나를 또 새긴다

텅 빈 벤치에
기다림만 쌓여가는 한낮의 공원
새소리 또르르 잔디 위를 구르고
낮은 구릉엔 초여름 여정이 몰려
고단한 하루를 내려놓는다

한줌 바람으로도
잠든 기억을 깨울 수 있다면
희락의 편린들만 싣고
깊고 푸른 저 먼 바다로 노 저어 가리.

〈대덕문학 13호 / 2009〉

저 넓은 들을 보라

부음을 받고서야 서천엘 간다
연무대 지나자 솔솔 기억의 실타래가
풀리듯 길은 이어지고
내 그립던 추억, 한껏 여유로움만 남은
강경나루엔 나룻배 아직
머물러 있구나
흐려진 차창 다시 닦고 황산대교를 스쳐 달린다
빈 벌판 가로지른 얕은 구릉 위에
두옥(斗屋) 한 채, 적막강산 홀로 안고
잘도 버텼는데
강국들 손에 놀아나는 저
넓은 들을 보라
무역협정에 쓰러지는 농심을 보라
아아, 버려질 이 삶들을 보라.

〈대덕문학 10호 / 2006〉

나뭇잎 셋

흐르는 강물에 썰리는 이름일지라도

〈흐르는 강물에 썰리는 이름일지라도〉 편에 수록된 시들은
나의 知友가 백혈병으로 나의 곁을 떠난데 대해 발병
(정확히 표현하면 진단)에서부터 죽기까지 두 달간의 아픔,
그리고 그가 떠난 그의 빈자리에 대한 그리움의 시라고 할 수 있다.
그는 쉰을 갓 넘긴 젊은 나이에 별이 되었지만,
그가 주고 간 많은 것들이 내 가슴에 아직 식지 않고 남아있다.

가던 길 멈추고

심하게 바람불더니 밤새
온몸으로 비 내린다
슬픈 일이다 내 오랜 동반자
동행길 멈추게 한 병명, M6 적아구성 급성 백혈병
그를 보니 말문이 막혀
울컥, 고개 돌린 눈시울이 뜨겁다

돌아오는 발길은
불안에, 의혹에 뒤틀린다
올곧은 삶에 훼방은 왜?
분노에 떨다가
하늘 우러러 어제처럼 제발
어제처럼 되돌려 달라고 두 손 모은다

소중한 벗, 사랑하는 이여
부디
용기 가지시게.

〈한맥문학 202호 / 2007. 7. 이달의 시, 서구문학 10호 / 2005〉

동행 1

정 이 삼월 그리고 꽃띠 사월도 가고 말면
숲에서 나온 오월 빛이 유월의 반 고흐 보리밭 이랑에
몸을 누인다
기쁨 반, 슬픔 반의 시간은 마을을 가로질러
저 나름대로 뛰고 걷고
하얗게 절여진 칠월, 이글대는 포장도로를 절며 걷는다
그렇게 청포도 익는 팔월이 오면 또 그렇게
혈소판 주사기를 뽑고
기러기 떼 높이 밤하늘 흐르는 구월
언덕 따라 억새 흔들리는 가을이 오면
나는 나는 벗 더불어
인파가 출렁이는 거리에 서리라
병동을 뛰쳐나와 소독내 하나 없는 풍경 속에서
목 터지라 삶을 부르리라.

〈한맥문학 202호 / 2007. 7. 이달의 시, 서구문학 10호 / 2005〉

동행 2

수줍던 새악시 옥잠화도 어느듯
빛바랜 할미가 되고
갑천을 타고 계절은 흘러만 가는데
우리가 나눈 대화의 슬픈 잔상(殘像)들만 여기
풀밭을 뒹구는가
가을을 물어오는 고추잠자리 떼 따라
천변 가득히 기다림이 깔린다.

〈서구문학 10호 / 2005〉

동행 3

지금껏 어깨 나란히 걸어온 길
마지막 까지 이 걸음으로 걷게 하소서
건넨 성경책 갈피마다
그의 지문 찍히도록 혜안(慧眼)주소서
하나 둘 마음 비워가며
저 높은 곳만 바라게 하소서
겉은 쇠잔(衰殘)해 갈지라도
속은 열매로 채워 주소서

더는 욕심내지 않겠사오니, 다만
그와 이 길
같이 가게 하소서.

〈서구문학 10호 / 2005〉

벗은 가고

다급한 목소리
에이형 피가 필요해요 이삼십대면 더욱 좋데요

두 딸 아내 나 모두 A형이라 급하게 차를 몰았다
겨우 도착하니 오후 여섯시 이십분, 가까스로 약속 시간 십분 전
허나 그의 증상은 호흡기 의존 정도로 중태다
팔월 오일 저녁은 벌벌 살 떨리는 열대야
이별의 공포는 신촌 세브란스 중환자 병동 곳곳에 도사리고 있다
담당의사 왈 오늘밤이 고비란다 맘 준비를 하란다
벗의 고통은 문틈으로 새어나와 고스란히 내 몸에 박힌다
자정이 가까워 오자 의사들이 바빠진다
심폐소생술의 가슴 눌러대는 다급한 손길
코와 입으로 선혈이 나오기 까지 죽음을 좇았지만 결국
아아, 그는 그렇게 갔다
우린 보내지 않았어도 말 한마디 없이 갔다

〈호서문학 35호 / 2005. 여름호 특집, 한맥문학 202호 / 2007.7. 이달의 시〉

출상

흙에서 흙으로 돌아가는
영원한 침묵의 길로
가양동에서 금산으로 죽음을 데리고 간다
피땀으로 흠뻑 젖은 행렬
작은 구릉 한편에 부모보다 앞서
그를 누인다

침묵.... 그리고 하산 길
하늘 한번 올려다보며 감춘 눈물
피이잉 코 한번 풀고
돌아서서, 그는 버리고 우리만
돌아오던 날.

비래사의 사십구일제

- 추일사(秋日史)

지나던 세월도 머물러 있는
오랜 텃밭 비래사로 간다
숨 가쁘게 섬돌을 올라 대웅전 뒷마당 가서
와편과 돌 몇 조각으로 이룬 소각장 둘러보다가
열기 아직 남은 가을햇살에 귀 기울면
목탁소리는 물소리에 젖고
정지된 시간으로 머엉한 시선, 아름드리
느티나무 등걸에 기댄다
이윽고 떠도는 혼, 환생 위해
중유(中有)의 마지막 예불(禮佛) 끝내고
이승의 흔적을 태운다 태울 건 끝없이
꼬리를 물지만
아무리 태워도 재가 되지 않아
유품을 놓지 못하는 부정(父情)
춘장(春丈)어른, 저 연기와 함께 못난 아들 이제
보내줍시다.

· 추고 - 아무래도 그 놈은 내게 과분한 아들이었나 보이,
춘부장(春府丈)말씀.

〈호서문학 35호 / 2005 여름호 특집〉

먼 훗날에

천근만근 하루를 지고서
벼이삭 익어가는 벌판을 가노라
참새들은 아직
숲에서 나오지 않았고
기러기 울 어스름 달빛도 없는데
쥔 가슴에만 종일 바람이 샌다
언제 어디서 만나자는 기약도 없이
가는 곳 어딘지도 모르고 바삐
떠나버린 벗이여
나 지금 남겨진 흔적을 찾아 떠돌고 있노라

먼 훗날
곤고(困苦)한 날이 다 지난 후에
고운 빛 무리 진 천성(天城)에서 만나거든
잘못한 일 모두 따져 주게나 그래서
용서 구할 기회라도 주게나.

〈한맥문학 202호 / 2007. 7. 이달의 시〉

흐르는 강물에 썰리는 이름일지라도

사람들이 잊어가도 난 그럴 수 없다
세월이 그를 지운다고 나마저 그럴 순 없다
이름 석 자도 간수하지 못하고 떠나갔으니
흩어진 자음과 모음을 챙겨 비문을 새긴다
바람 불어와 계절이 차례로 쓰러져서
먼지처럼 망각이 그 기억을 덮는다 해도
결코
사는 날 까지 잡고 싶은 이름이여

세월의 강물에 그의 행적 하나씩
썰려 나가는데
가을이 오는 강가에 서서
되돌릴 수 없는 흐름을 본다.

〈한맥문학 202호 / 2007. 7. 이달의 시, 서구문학10호 / 2005〉

*내 슬픔을 등에 지고 가는 자

먹구름 하나 어깨에 얹고
아무르 강물을 따라
드넓은 세상으로 날개를 단다
자유로운 상상은 벼랑과 협곡 사이를 떠돌다가
더러는 먼지가 되고 다시
고달픈 삶의 앙금으로 너를 붙잡는다
광야를 거쳐 툰드라지대, 먼먼 전설처럼
시원(始原)으로 거슬러가는 동행
내 슬픔을 벗어 너에게 주고 절망을 지우고
목숨까지 맡긴 벗이여
거친 바람에 밀려 어느 변방에서
뜨거운 눈물이 마르기까지
목련은, 살빛 목련은 다시 피고지고
우리의 기억도 흩어지고 말면

거기
낙타 한 마리 고비사막을 지고
인생역로(人生逆路) 향해, 또
떠남을 보리라.

* 내 슬픔을 등에 지고 가는 자 - 인디언어로 친구라는 뜻

빗소리

억수 장대비 쏟아지면
대숲에 가자
가서 댓잎에 흐르는 음악소리
가슴 열고 받아들이자 벅찬 숨결 마셔보자
그래서 고스란히 비에 젖어
죽순처럼 우리
순한 싹으로만 뻗어가자
애틋한 나의 벗이여
고투의 흔적 비에 씻고 세찬 비바람에
옹이도 도려내자
묵은 오해 모두 흘려보내자
행복은 어디서 오는가
초록 언덕에 깔린 질펀한 길에게
다시 묻는다

흐린 기억 건너 우정 하나
푸른 물결로 차오르면
싱그런 담소 꽃피던 그날처럼
겹도록 행복하자.

〈대덕문학 / 2007.11.〉

약속 1

나 여기 왔소
너무 늦었다고 말하진 마오
물안개 자욱한 날을 골라
남한강을 낮게 제비처럼 비행하여
그 날의 약속 위해 단숨에 왔소
장호원을 끼고 앉았자니 설렘보다 서러움에
목 매이는 구려
저어기 저 강태공들이여
비늘 찬란한 생선 한 마리만 낚아주오
매자조림 한 접시 손수 요리해 그를 기다릴터이니

강은 그대론데 물은 옛것이 아니여라
계절이 돌아와도 그 사람 돌아오지 못할 텐데
여보게, 가슴에 새기는 약속
이다음엔 하지마오 제발
바다 향한 흐름들이여
그리움만 쌓아놓고 떠나지는 마오.

〈서구문학11호 / 2006〉

약속 2

다시 찾아왔노라
온몸 흔들며 푸른 물살 거슬러
남한강 따라 약속 향해 왔노라
그는 아직 오지 않고
하릴없이 물가를 홀로 서성이다
언제인가 그가
대접하마든 매자조림 한 접시 시킨다
김나든 요리는 이내 식어가고 강어귀를 돌던
생선 한 마리 쟁반 위로 뛰어올라 반듯하게
눕는다 초롱하던 눈 허물지고 비늘윤기 자취 없는데
이미 그는 이 세상 사람이 아니다

기약없이 기다리다, 볼멘소리로 주인장을
불러 왜 이리 쓰냐고 따져 볼까부다
저 다리 지나면 장호원,
이 강 건너면 그가 간 나라?
허사인 약속을 뒤에 두고
쇠말 위에 안장을 얹는데, 웬
물안개만 저토록 펴 쌌는지.

〈서구문학 11호 / 2006〉

경인연력

바닥이 드러난 경인년의
세밑은
부끄럼만 깔려있다
생생했던 날들이
수만 가지 오점으로 밟히고
또 한 번
묵도로 일기 앞에 선다
속이고 배신하고 욕하고 원망하고
꾸짖고 호통치고
해 저물 때 까지 용서 못한 죄
이웃을 내 몸 같이 돌보지 않은 죄,
주님을 외면한 죄
애국하지 않은 죄
오만가지 잘못만 새겨진
경인년
가슴 끓어 뜨거운 회개로
엎드린다
통한으로 보낸다.

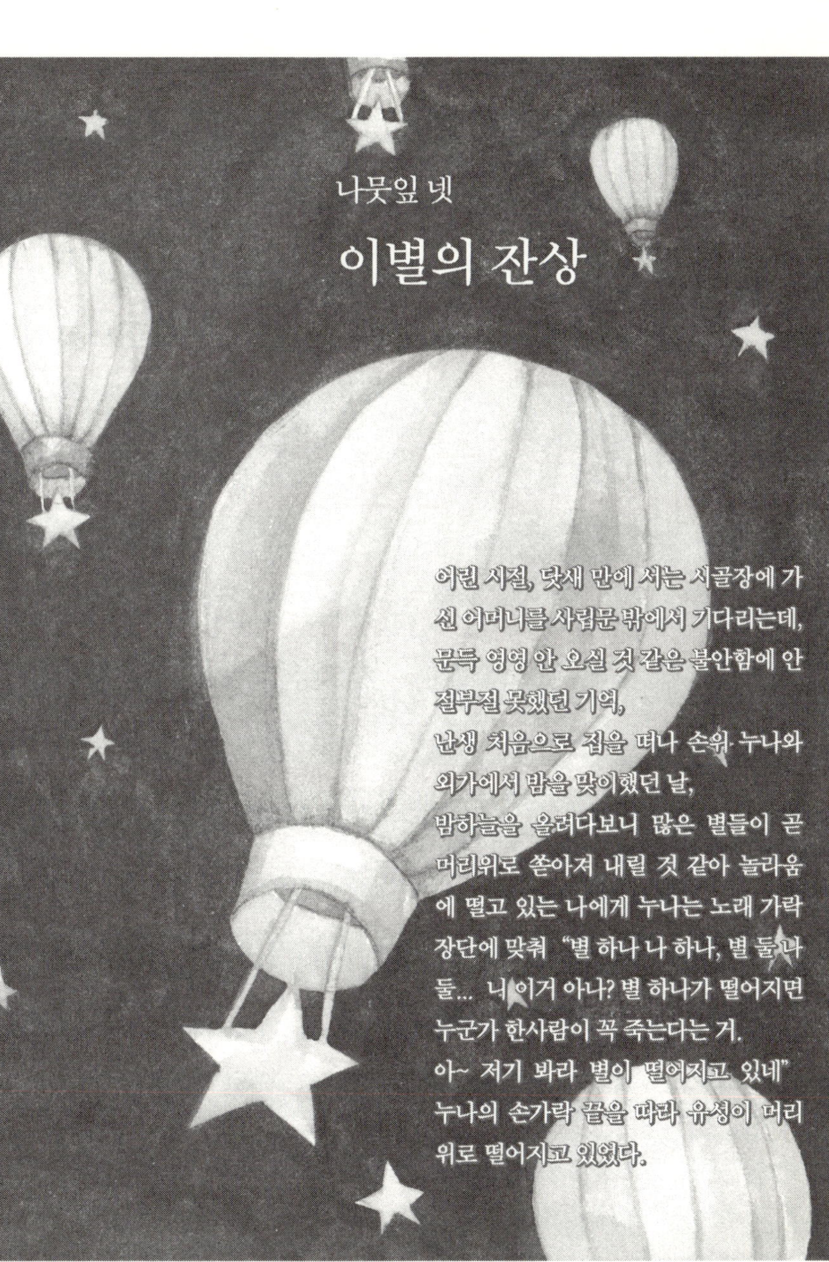

나뭇잎 넷

이별의 잔상

어린 시절, 닷새 만에 서는 시골장에 가신 어머니를 사립문 밖에서 기다리는데, 문득 영영 안 오실 것 같은 불안함에 안절부절 못했던 기억,
난생 처음으로 집을 떠나 손위 누나와 외가에서 밤을 맞이했던 날,
밤하늘을 올려다보니 많은 별들이 곧 머리위로 쏟아져 내릴 것 같아 놀라움에 떨고 있는 나에게 누나는 노래 가락 장단에 맞춰 "별 하나 나 하나, 별 둘 나 둘... 니 이거 아나? 별 하나가 떨어지면 누군가 한사람이 꼭 죽는다는 거.
아~ 저기 봐라 별이 떨어지고 있네"
누나의 손가락 끝을 따라 유성이 머리위로 떨어지고 있었다.

기일(忌日)

팔랑팔랑
가을 쫓는 나비떼처럼
낙엽은 소슬바람 무동을 타고
온 골목길 누비는 오후면
가물가물 멀어진 기억 찾아
그리움의 잔물결
무더기로 밀리는 고향으로 간다

눈부신 햇살은 아직 산자락에 머물러 있고
붉게 익어가는 감은 그대로인데
동구 밖 멀리 나가
종일 자식 기다리던 울 엄니
어이타 여기 누워 일어날 줄 모르시나
전설 같은 동리 눈앞에 두고
하얀 버선발 벗어놓은 채
어디까지 가셨나 불러도 대답 없는
엄니, 울 엄니이.

〈대덕문학 9호 / 2005〉

돌아오지 않는 이름

가늘게 타던 촛불
바람 앞에서 잦아들던 날
차마 그 이름 보낼 수 없었다
잡은 손 놓을 수 없었다

산 넘고 물 건너 시간이 떠난
허다한 자리마다 깔린
그리움들
황량한 계절 사이로 아픔이 일면
마른가지 끝서부터
바람이 운다

함께한 언덕길엔 굳은
맹세만 밟히고
해 저문 갈대밭에는 달빛마저 쓰러지는데
오오, 가버린 날들이여
낡은 이름이여, 흩어진 추억을 모아
하릴없이

온몸에 되새긴다.

〈호서문학 44호 신작특집 / 2009. 겨울호〉

선물

그래서
당신이 사라져간 허공을 바라보다
문득 느낍니다

죽음이 뭔지
그래서 삶이 뭔지를 깨닫습니다

당신 있어 나, 온전할 수 있었고
당신 통해 세상 볼 수 있었습니다

당신이 떠난 빈터에
그리움을 조금씩 채워갑니다

내 남은 삶은
온전한 당신의 선물이니까요.

〈호서문학 37호 / 2006. 여름호〉

이별의 잔상

소리 없이 어둠이 다가서면
차곡차곡 쌓인 기억의 끝자락 풀어
텅 빈 하룻밤을 또 펼칩니다
꿈결인 듯
부정하고픈 영결(永訣)앞에서
강물은 흑암 속으로 잠깁니다

맘(mom), 유리하던 어린 삶에 부표로 나타나
허다한 허물
사랑으로 다 감싸 안더니, 이제
굳어진 어깨 위 그림자만 얹혀 있네요
절절한 아가페 사랑 물안개로 피고
아직, 당신이 준 세상빛은 남아있는데
이렇게 허공만 잡히니이까
그리움이여
남겨진 길 이토록 멀고
못 잊음도 병인가하니, 밤새
이렇듯 시름겨워 눕습니다.

〈대덕문학 10호 / 2006〉

흰 카네이션

오월의 아침은
수수꽃다리 향기로 열린다

치렁치렁 늘어진 잎가지
큰 차 스칠 때 마다
들어 올리는 느티나무
내 어린 몸 안아 개울 건너 주시던
어머니 손길 같다

출근길 옆 진열대
하나같이
빨간 카네이션만 아름드리
출렁대는데

초여드레의 오월은
어버이날로 열리고
어쩐지 허전한 맘 한 구석
뒤적뒤적
주머니 속 뒤져본다 그래도
개운치 않은 왼 종일

꽃가게를 뒤진다 한 참을
또 뒤져보지만
내가 찾는 흰 카네이션
어디에도 없다
이제, 내겐 아버지 그리고
어머니가 없다.

〈호서문학 33호 / 2004. 여름호〉

치매

갈피 못 잡고
미풍에도 흔들리다가

비좁은 마음에
이러저런 일로 돌아서다가

착잡하고 답답한 속내
가둬놓고

길지도 크지도 않은
한 개비 성냥불 같은 숨결

입김 하나에 깜빡이다가
달빛에도 가슴 철렁 내려앉는

면역성 없는 신생아
무모한 순백의 고집

어둠타고 흐르는
외로운 강물로

파리하게 맺혀있는
독한 여로의 말줌.

〈시와 인식 / 2008. 겨울호, 대전문학 39호 / 2008. 봄호〉

당신에게로 돌아간다

일어서다 일어서다 다시
주저앉는, 온 종일 부끄럼만 하얗게
물거품으로 깔리는 곳
가난한 해변은 아직 아픔이 밀리고 있다

무명저고리 코고무신 자국마다
어머니 젖 냄새만 베여있고
썰리고 썰린 파도길 따라
하룻길은 그리움으로 저려 밟히는데
그랬다 세상에서 얻은 절망덩어리
고스란히 당신이 받아내던 그날들은 그래
견딜 수 있었다

어머니보다 더 커버렸어도
아비가 되고도 지금, 혼자된 절망감에
굳은 돌덩이 천근 가슴을 안고
모성만 출렁대는 저 먼 나라
남쪽바다 언저리
당신의 온정으로 치유되고파, 이렇듯
지금 돌아가고 있다.

〈대덕문학 13호 / 2009〉

코스모스 꽃 지다

- 2006. 7.11 최선희님을 보내며

지난 밤 비바람에 꽃술 채 뚝
꽃 한 송이 지다

불어난 황토물 위로 발그레한
얼굴 아직 떠있고

가는 허릴 붙잡고 하얗게 웃는
모습 선한데

초상집 둘러봐도 애달픈 맘
객만 홀로여라

가을은 아직 멀리 있는데
씨방은 채 여물지도 않았는데

선명한 꽃잎 한 아름 달고
저리도 바삐 떠나고 있고나

아아, 가는 길이야 하늘의 뜻
배웅도 못내 서럽더이다.

〈호서문학 / 2006. 겨울호〉

잉글리시 코카스패니얼

이년 전 봄
퇴근해 보니, 아이들 방에 보기에도 앙증맞은
강아지 한 마리
밝은 초콜릿 털빛의 잉글리시코카스패니얼 종(種)
두 귀가 유난히 예쁘다

순간 동물알레르기성 체질인 아내를 힐끗 보며
요놈 참 이쁘게도 생겼네
그치 아빠, 예쁘지 응?
지원병 얻은 애들의 반격
알만하다 그동안 엄마한테 혼쭐난 일을

이젠 어엿한 성견
그동안 똥오줌 실수로 짓궂은 장난으로
과다한 애정표현으로
많이도 혼났건만
눈치 삼단 아부 구단으로 잘도 버틴 녀석

작년 늦가을
단지 주변으로 낙엽 수북이 깔리던 저녁
새 주인 찾아 보낸다는 말에 한술 뜬 밥숟갈 놓고

침대에 엎드린 딸의 두 어깨 너머로
결국 녀석을 그렇게 보냈다

쭈빗쭈빗 불러도 오지 않던 그 날
티 없이 맑은, 눈치 삼단 실력자의
큰 눈망울 마주쳐
돌아서던 날
그러기에 애당초 헤어지기 어려우니
키우지 말자든 아내가 새삼 미웠다

다시 봄
녀석 *초코와 달리던 강변에 새싹 돋아난 지금
아지랑이 따라 혼자 걷고
하릴없이 걷고 또 걷고.

* 초코 : 초콜릿 털빛이라고 붙여진 개 이름

〈대덕문학 8호 / 2004〉

불면

죽음의 끝자락을 덮고 누웠다 뒤척임마다
발작을 일으키는 사유(思惟)
비늘 털며 허물을 벗는 어둠 속에서도
계절을 돌다온 황소바람이
생기를 말린다
스치는 바람에 구름 살듯이
가수(假睡)의 풀림에 잠깐씩 솟구치는 현실
멀어지는 어머니의 환영에 허우적대기를
하얀 밤길은 끝없는데
커다란 그리움의 물살, 밀물로 밀리다가
천길 벼랑으로 내몬다

일어서는 지각의 틈새에
습작의 싹 키우기도 전, 고해에 썰리기를
저 잦은 난파는 멈추지 않는데
운율을 벗어나 한참을 허둥대는 분신
환상을 쫓는 밤길에서
생기는 사위어가고,
창을 타고 흐르는 여명이
의미 없이 또 하루를 부른다.

〈대전문학 34호 / 2006. 여름호〉

조문객의 변

충남대병원6호영안실에서너에게묻노니, 엊그제만나업무에대해살아감에대해남은시간에대해담소했었는데, 얼은어데두고골만누웠는고사망에갇힌네가너무추워몸한번부르르떨다가웃고있는영정앞에향불을지핀다뿌연안개창을가리고,감당못한열두살상주울먹임에차마떨어지지않는발길, 피아를건너영혼의빈집앞에생을내려놓고, 번민을태운다온갖바람을태운다

성찰의 탑을 쌓고자.

〈호서문학 42호 / 2008. 겨울호〉

나뭇잎 다섯

불의 변주, 정채로 영생하다

실은 신앙인으로서 신앙시를 쓰고 싶었다.
영생의 길로 인도하는 구도자의 입장에서, 무릎 꿇고 묵상한 기도를 시로서 나타내고자 했으나, 거친 입술로, 좁은 가슴으로, 이 차가운 머리로는 너무 부족해서 그분이 아직 허락하지 않으신가보다.
그 동안, 치유되지 않은 상처뿐인 몸으로 당신께 다가설 수 없었기에 도망가며, 때론 절망하며, 쓰러지기를 거듭해 왔다.
이젠, 조금씩 연단되어 당신의 도구로서 쓰임 받고자 이 무던 촉으로 가까이 가고자 한다.

이 모든 영감은 하나님이 주시기에 허리를 굽혀 좀 더 낮은 자세로 내 이웃을 보며, 당신의 뜻에 따르는 義의 길로 향할 때 비로소 참 진리의 글로 나타내어지리라.

새벽길 가며

안개 휘 젖고
새벽을 흔들어 깨우는 저
찬란한 빛의 손길
여명은 숲과 나뭇잎과 강섶과 마을길을
차례로 일으켜 세워
하루의 실타래를 푼다
호흡하는 골마다 푸른 숨소리로
해맑은 오늘 하나 뱉나니
첫 비늘 털고
희망으로 날개 짓하는
푸른 새날에

.

.

.

비로소
길은 점점 가벼워진다.

〈호서문학 39호 / 2007. 여름호〉

바람에게 묻는다

세월이 스쳐간 회상의 가지 끝에
등불 하나 달려
흐려진 기억을 닦아내면
먼 그림자에 깔린
순결했던 영혼이 일어나
돌아갈 길을 묻는다

젊음은 가고
바람마저 잦아들면
가슴속 불꽃도 단풍져 내리리라
계절이 가고 가을마저 지나가면
이 얼룩진 작금위에도 별빛 지리라

더럽혀진 영혼위에
또다시 전설처럼 눈이 덮이면
순결치 못한 자서전도
감춰지리니, 이제
돌아갈 차비를 챙겨야 하리
이 작은 흔적 모두 지워야 하리.

〈호서문학 46호 / 2010. 겨울호〉

법정을 나서며

버스를 타고
햇볕 쨍쨍한 가을아침에 수원 가서
쓰잘데 없는 변론으로
아름다운 하루가 저물고
송사에 휘말린 사람들의 어깨위엔
한 짐, 근심만 얹혀있도다
그림자 길게 매달고 법정 나서자니
한때는
반짝이며 다가올 가을 들판 기리며
참새처럼 저마다 가슴 설레었던 우리
논두렁 콩잎처럼 순수했는데
햇빛 좋은 편에서 이슬 먹고 영롱하자고
언약도 했었는데
알 수 없는 것이 인심이라
새까맣게 타버린 가슴에 또
천불을 지피누나
실망의 틀 속에 흑암을 채우누나.

〈호서문학 38호 / 2006. 겨울호〉

불의 변주, 정채로 영생하다

사랑, 애끓는 한 방울의 눈물로 견딜 수 없는 극한의 분노 녹여 독안에 빛을 담는다
치떨게 끓던 폭력, 융합과 파괴와 평화로 정중동에 다시 서서 온갖 불의를 정화하려 갑반(甲盤)에
나를 가둬놓고
용융(熔融)점을 향해 치닫고, 때론 포효하는 불길 그 맨 밑바닥에 재로 바스라지고 모험의 틀을 벗은 비구상으로 오로지
승화된 내가 한줌 서 있다
변주로 흙이 일어나 세상의 기교 다 벗고 정채(精彩)로 영생하다

반짝, 혼 불로 영생하다.

〈호서문학44호 신작특집 / 2009. 겨울호〉

발치(拔齒)

그래서 치아를 오복중 하나라고 하는가보다
밤새 사랑니와 어금니의 세력다툼으로
오한과 신열과 공포로, 어둠은
죽음보다 깊어서
그건 마치 전쟁과도 같았다
뜬눈으로 거듭 다짐하는 건, 만일 새날이
온다면 이 반군들을 반드시 제거하리라

투구와 갑옷으로 무장한 우리의 주군
치의(齒醫)가 드디어
칼과 창과 신형무기로 반군의 두 괴수를 제거하기
시작했다
고군분투의 혈투는
입안 가득한 피 비린내와
여기저기 전장의 상흔을 남기고서야
평정된 조국, 짧은 정적
후 눈떠보니
효수(梟首)된 두 수괴머리가
전리품으로
코앞 쟁반위에 올라 있다
흉측함보다 측은지심은

그래도 내 백성으로 반백년은 족히
섬겨왔을 터

진작 제거할걸 그랬어요 사랑니가 윗어금니를
계속 밀어 잇몸 뼈도 상했어요… 치의 왈

이 세 개(계)가 흔들리면 지구가 멸망한다는데
두 개라 다행이다 싶다.

〈동구문학 / 2010. 11〉

새벽 종소리

이렇듯 속울음이 아름다우랴

용광로 끓는 가슴
삭이고자
거친 몸짓마다
아흔아홉의 담금질로 겹겹이
동여맨 내 안에
쇠망치 하나 품었더니
이별 서러운 새벽
속가슴 치며
온 몸으로 우노라

멍들어 새파랗게 우노라.

〈대전문학 46호 / 2009. 겨울호〉

율조(律調)

두 손으로
하늘 수놓으시듯
뭇소리를 조음 하소서

두 손으로
물결쳐 올리듯이
아름다움을 빚으소서

건반과 어우러져
가늘고 높은 현을 스치는
선율의 조화
왔다가 사라지는 내면의 울림 모아
순간을 가둠이여

열손가락으로
우주를 창조하시듯
몸통에서 퉁겨온 호흡 문질러
청아하게 옥구슬 굴리소서

그래서 가슴에 남겨질
태초의 악장으로

가난한 세상에 축음 되소서
심금에 젖어 끝 날까지 머무르소서.

〈대전문학 37호 / 2007. 가을호〉

竹, 이기까지

우후죽순 웃자란
텅 빈 사유
세풍에도 못 견뎌
휘는 의지
였는데 볕 좋은 온 유월에 뼈를 세우고 된서리 삭풍으로 굳은 살 마디마디
진눈깨비 풍우로 연단되어 검푸른 살갗
다시금 낙뢰 불러 등 굽고 유약한 본성에 담금질 한다
천명이기에 칼바람 서려있는 솜털 골진 잎자루, 한 방울의 고단한 이슬이
맺힐 때 까지 여름밤 장대비로 서러움 모두 흘리기까지

우뚝한 절개 하나로
불끈 쥔 기상
독야청청
나 홀로 눈밭에 서 있다
나이테 살라내어 시퍼런 알몸
심줄 굵은 마디로
올곧게 하늘 향하고 있다.

〈호서문학 44호 신작특집 / 2009. 겨울호〉

달팽이의 꿈

- 김선일은 가고

하지말라 가지말라 보지말라 먹지말라 말라 마알라
알라의 금기구역에서, 하늘 또한 닫힘으로
빛이 나간 자리 절망만 어지럽고
문을 찾지 못한 우린 더듬이로
어둠을 헤맨다
부정의 문은 아직 닫혀있고 오라오라 나아오라
짐진 자를 부르는 창조주
강퍅한 맘 온유토록 겨레의 간절한 기도로
아득한 벽을 향해 한걸음씩 도움닫기를 시도해 보지만
깨져라 부서져라 열려라
축원은 간데 없고 싸늘한 주검, 이방의 외로운 넋을 지고
숲으로 숲으로 가는 길
지금 떠나기엔 너무나 눈부신 초록, 하나의 나뭇잎이 흔들리는
언덕 저 너머엔 열린 세상 일지도 모르는데
왜 자꾸 지쳐만 가는지
포기하고만 싶은지.

〈호서문학 34호 / 2004. 겨울호〉

천안함 침몰, 그 이후

까치가 운다
삼월삼짇날 다 지나도
희망 같은
제비 돌아오지 않고

이 세찬 바람 녘
끼어억 꺽 불안덩어리
목울대 걸리는 새벽, 까치울음만이
파도처 인다

서해로 간다
절규가 범람하는 백령은 이미
말라버린 눈물 강 저 너머의
섬으로, 자꾸 조수에 밀리고
삼월 다 지나도록
기쁨 하나
물고 올 제비조차 소식 없는데
절망 반 희망 반의
모험 안고 저 짙은 어둠의 해저
침몰마냥 자맥질 해 본다

커엉 컹 죽음이
짖고 난 자리
파고에, 조류에 자꾸 사위어만가는 아들들
생명의 동아줄 따라
슬픔이 걸리고
기진할 때까지 이 한 목숨
던지고 있다

살아있어 오히려 뻐아픈
동료의 눈가엔
얼핏
사망 그림자만 그렁그렁 맺히고

고해의 섬 백령은
왼 종일
무너지는 하늘
소리뿐.

〈대전문학 48호 / 2010. 4. 23〉

태극기 아래서

유월의 깃발이 펄럭인다

뜨거운 물결 따라
지축 떨린다 섬광, 포탄 이어 동족이
쓰러진다 핏빛 강물 솟구친다
어찌 잊으랴 아아, 육이오동란 민족상잔을

잊고 있다 총성도 멎고 아픔도 죽고
순국지사의 고결한 숨결마저
가루로 흩날리고 지금 산하는 고즈넉하다
그래서 우리 잘난 아들들의 기억마저 도말되고
전우 가슴 서늘히 훈장만 빛나는 이 밤
잠들지 않은 앳된 영혼으로 하여
역사의 바람 한 줌, 밑 가슴 파고든다.

범부로 태어나 필부로 살고지고
이념도 사상도 좌우익도 모르는데
짓무른 상처는 아직
철조망에 걸려 아물지 못한다

유월은 푸른 하늘이 서럽다

외마디로 쏟아지는
영령들의 호흡
한 서린 기류는 맴돌고 우린
이렇게 행복해도 되는가

차라리
이 자리에서 비목이나 되리
한 폭 조기(弔旗)로 나부끼리.

〈대덕문학 14호 / 2010〉

구멍난 오늘은

트로이 목마 떼에 몸 속 세포군이 점령되다

오장육부 실핏줄 곳곳 해킹당한 상처마다 말초신경 전율할 때면
일상 뒤엎고 아무도 없는 빈 곳으로 떠나곺다
아침호수 건너 풋풋한 햇살로
후회 없는 하루를 살다가
종말처럼 생을 마감하는 하루 해로서
노을 물들인 뺨, 청풍으로
켜켜이 찌든 오욕을 씻어내린다
더러
꿈꾸던 시선 너머 승계의 가림막이 나부낄 때
이 한 몸 선채로
풍경이 되곺다.

〈대덕문학 9호 / 2005〉

길 위에서

삶이란
성루(城樓)에 잠깐 머물다 가는
바람이련가

움켜쥔 이 욕심
놓아버리면
안개로 흩어져 흔적 없이
사라질 것을

삶이란
이루지 못할 짝사랑이든가
갈구할수록 더
외로워지는 것을

위태한 벼랑길을
외줄로 걷는 삶이란
되돌아갈 수 없는 길
혼자의 길.

〈대덕문학 14호 / 2010〉

대장 내시경

이젠 나를 헹궈야 할 때다

산하로 떠돌던 온갖 근심 찾으려
빗장 풀고
함구해온 입속 밀어 넣고 있다
혀끝으로
가벼운 일상을 걷어내고
해 묵은 폐질(廢疾)을 찾아 먹보의 맨 끝, 결장부분
꼭꼭 씹어 가둔 탐욕
설겅설겅 식도부터 헹궈낸
생의 찌꺼기와
어제 너의 항변, 분노, 오늘의
어린 생각까지, 우습도록 배꼽을 판다
얼만큼 더
쏟아내야 맑음에 달할까

크레졸 냄새 밴 침대에 누우며
너의 깨끗함 위해
건승을 빈다.

〈호서문학 40호 / 2007. 겨울호〉

병실, 506호에서

링거에 묶인 채
창가에 서면
가슴 언저리 타던 불, 산머리부터
물결처럼 흘러내린다

엊그제는
아침부터 내리던 가을비가
전주 김제 부안, 그 하얀 땀 저 누운
염전까지 따라와
우수에 찬 허허로운 가슴에
무정한 이 낙엽, 엽비로 쏟아지다가
창파마저 막막한 저 갯벌 너머로
떠나가는데

다시 굴러굴러
일해를 향해 빛고을 광주로
간다 가서 온갖 시름 다 비우고
되돌아선 어스름 저녁, 비는 장대비로
안개가
저 백내장 같은 안개가
갈길 막는다 혼신을 다한 우중사투의 찰나

아득한 꿈속인 듯
그랬다 벼락소리와 공중부양은 동시였다
콰아앙 쾅
뒤차 기사와 나, 이만한 게 다행

시월은 지고 있는데
이 벅찬 무애의 노정, 한발씩 다가오는데
수인번호 506-4, 내 모든 추상은
지금 감금 중이다.

〈대덕문학 13호 / 2009〉

*천둥벌거숭이

시뻘건 멍울 삼킨 자리, 고추잠자리
벼락치는 난세난파에
울지 않는 갓난쟁이 몸짓
순수를 넘어 분수 모르는 천방지축인지라
거침이 없다 무서운 철면피다
저기 저 민둥산 떠돌다 부서질까 위태한
너무 가변 목숨 한 철에 해가 지고

어느 천둥번개 치는 그 곳에서
눈멀고 귀 닫은
마알간 하늘만 달고 발가벗은 그 빛
맴도는 아이 만나거든
한 철로는 너무 가여운 목숨이라고
달관하기엔 설익은 인생이라고.

* 천둥벌거숭이 : 철없이 함부로 덤벙거리는 자, 천둥번개 치는데도 아무런 두려움 없이 날아다닌다하여 일명 고추잠자리를 뜻함.

〈대전문학 43호〉

무릎 꿇는 나무

달그림자도 없는 어둔 앞길입니다 세찬 비바람보다 가슴까지 얼어붙는 혹한보다 위태한 벼랑 끝자락에 홀로 버려진 외로움보다, 나는 끝없는 어둠에 늘 절망합니다

풍설에 손발이 잘려나가고 세월무게에 등이 휘고 정수리에 쏟아진 뙤약볕에 목이 타도 이 자리 이 자세로 고행할 수밖에 없는 나는 해발 오천미터 설산고봉, 만년설에 덮인 한그루의 키 작은 나무이기 때문입니다

내게 주어진 달란트에 맞서서, 날마다 저항하고 날마다 울부짖고 날마다 쓰러지길 수 만 번...

이제 깨닫습니다 무릎 꿇어야 당신께 갈 수 있다는 것을, 계절을 바꿔야 무너진 곳에 새살이 돋고 절망이 희망으로 치유된다는 것을

이제야 깨닫습니다 당신께 온전히 나를 맡길 때 새 세상이 열린다는 것을.

note : 10여년 전, 만년설을 이고 있는 록키산맥 설봉 비탈에 선 나무를 봤습니다. 풍상과 혹한에 휜 등걸이 땅에 닿아 마치 무릎 꿇고 기도 드리는 것 같았습니다. 이곳의 나무는 일 년에

겨우 2~3센티 정도 자란다고 합니다. 옥토를 버리고 척박한 환경에서 일생동안 그 자세로 살아가는 나무에게서 깊은 깨달음을 얻었습니다.

〈대전문학 50호 / 2010. 9. 28〉

사건 1

구별되어
악의 씨는 존재 하는가
어둠의 속성인 자들
죄를 즐겨 악령의 편에 서서
피상적 삶으로 점점
사망의 음침한 골짜기로만 몰린다

날마다 전율케 하는 지면을 통해
살상도 이제 무감각해지는
소돔과 고모라의 재현이다
짐승의 포효로 에덴은 온통 소금기둥이 서고
카인의 후예로
맨 처음 피를 부른 자들이여

혼 불을 지펴
새벽닭이 세 번 울기 전
골고다 언덕으로 가자.

〈문학공간 / 1994. 12〉

이 날은 사랑하게 하소서

아름다운 오늘, 이날엔
사랑하게 하소서
부서진 꿈과 등 돌린
자들을 깨워 이날부터
동행하게 하소서

사랑은 당신께 속한 것이니
우편에 서서 오직
선한 생각만 품게 하소서
작은 잘못 들추지 않고
하늘 영광만 드러나게 하소서

전체이신 당신이여, 이날
사랑만 가득 담아
나누게 하소서
호흡 있는 날까지
사랑의 이름으로 살게 하소서.

〈문학시대 18호 / 2007. 여름호〉

탈고

원시림에 감춰진 심연의 늪
하나 있어
시심(詩心) 한 올 건지면
잠겼던 여울목이 터져
온 몸을 적신다

표류하던 시어(詩語)들
오선지를 벗어나
리듬 잃은 노래가 되어
한 가닥 시맥은 사막처럼 메마르고

온전하지 않은 출산으로
허망한 산고만 아랫배를 범람하다가
미숙아의 핏덩이는
초경의 덜 자란 숨결에 갇혀

벙어리가 된다.

〈문학공간 / 1995. 6〉

해오름

그리움
아픔
찌든 생활의 편린들 모두
파도에 묻히고
오로지
일해만이 푸른 동해의 품에서
점점 자라고 있다 북소리 크게 울려
을유(乙酉)의 얼굴이 다가 온다 미래가 온다 희망이 온다
푸드득푸드득
일제히 푸르름이 난다
내가 난다 우리가 난다 대한민국이 난다
힘찬 도약의 발판, 금수강산이여
뜨거운 겨레여.

〈대덕문학 9호 / 2005. 영일만에서〉

순응하는 서정적 인생 여정의 언어

송하섭
문학평론가 · 단국대부총장(역)

I

화가는 개인전을 통하여 그간의 작업을 정리하고 새로운 각오를 다진다고 한다. 어떤 화가는 개인전을 준비하면서 새로운 도약을 계획하기도 하고 또 어떤 화가는 개인전을 계기로 자기의 예술세계를 전환해 나가는 기회를 삼는다고도 한다. 따라서 화가는 한번의 개인전을 위하여 참으로 피나는 노력을 하고 있는 것을 볼 수 있다.

시인 역시 마찬가지라고 생각한다. 물론 그간 여기저기 발표했던 것을 모아서 한권의 시집으로 세상에 선을 보이는 경우가 대부분이지만, 이들 원고를 정리하면서 그간의 작업을 파악하고 시 창작의 과정을 되돌아 보고 새로운 출발을 다짐한다는데 시집 발간의 의미가 있지 않을까 생각한다. 시인 안치호도 1992년, 『문학공간』과 『농민문학』으로 등단해서

10여년 만에 첫 시집 『밤으로 흐르는 강물』(2004)을 선보이고 다시 이 시집을 상재하니 그 또한 오랜 기간의 작업을 되돌아 보고, 아마도 새로운 시의 진로를 모색하고자 하는 의도가 있으리라 짐작해 본다.

시인이 시를 쓰는 이유는 시인마다 다를 수 있지만 아마도 첫 번째 이유는 자기 표현의 욕구가 될 것이고 다음에는 자신이 쓴 시가 보다 많은 독자들에게 공감이 되어서 오랫동안 기억되기를 기대하는 마음이 있을 것이다. 여기서 자기 표현이란 자기의 사상과 정서, 그리고 자기를 둘러 싸고 있는 환경과의 조응 관계가 망라된 것을 의미한다. 그러니까 자신의 생래적 자아와 사회 환경적 자아가 망라된 자기를 언어를 통하여 표현하고자 하는 욕구가 될 것이다.

그런데 어떤 시인은 사회 환경적 자아 보다는 원초적 자아라할까 생래적 자아라 할 자기 심리를 중심으로 시의 세계를 삼는 사람이 있고 어떤 시인은 사회환경적인 것을 시의 세계로 삼는 시인이 있다. 물론 이 두 세계는 확연하게 구분할 수 있는 것이 아니고 서로 밀접한 관계를 가지는 것이어서 분명하게 나눌 수 있는 것은 아니지만 보다 어느 쪽에 중심을 두는가 하는 것은 시를 통하여 인식할 수가 있다. 또 사회나 자연 등 환경과의 조응 관계에도 어떤 시인은 대립적 관계를 중심으로 하는 시인이 있는가 하면 조화와 순응적 관계를 중하게 생각하는 시인이 있다.

안치호 시인의 시를 일별하면서 내가 느끼기에는 이 시인은 무슨 심리주의나 초현실주의 같은 것으로 설명되는 원초적 자아의 세계를 그리는 시인은 아닌 것같고 자기의 인생 여정을 정직하게 바라보고 자기를 비롯한 주변 사람들의 삶과 자연 환경을 그리는 시인으로 보인다. 말하자면 인간이나 사회나 자연과의 조응을 중심으로 시를 창작해 나가고 있는 시인이라는 뜻이다. 따라서 시의 상당 수가 가족이나 친구의 질병과 죽음과 관계되는 주제가 많고 여행에 관한 것이 그 다음을 차지하는 것 같다. 그리고 상당 수의 시편은 자연이나 계절의 변화에서 느끼는 감정을 나타내고 있다. 그리고 더욱 시선을 끄는 것은 이들 시적 소재와의 관계에 있어서 대립적 관계가 아니라 조화와 순응의 정서를 가지고 있다는 점이다. 따라서 안 시인의 시는 따뜻한 인정미가 주를 이루고 있어서 독자들이 편안한 마음으로 어렵지 않게 읽고 느끼고 감상할 수 있는 시들이다.

II

대체적으로 우리는 시인을 먼저 알고 그 시인의 시를 이해하는 경우와 시를 통하여 인간인 시인을 이해하는 경우가 있다. 나는 안치호 시인을 개인적으로 모른다. 그리고 그의 시를 계속해서 관찰해 온 바도 없다. 오로지 김용재 교수의 부탁으로 그의 시 원고를 받아서 읽었다. 그런데 나는 이들 시를 통하여 시인 안치호의 인간적인 면모를 이해하게 된다. 어떤 시집의 경우 아무리 열심히 읽어도 그 시를 쓴 시인의 정체에 대하여 이해할 수 없는 경우가 있는데 안시인의 시에는 인간 안치호의 인간적 면모가 고스란히 잘 들어나고 있다. 그는 그만큼 자신의 삶에 대하여 정직하게 시로써 대응하고 있다는 이야기가 될 것이다. 나는 시를 통하여 시인을 알아보는 재미를 이 시집에서 실감한다. 앞에서 지적한대로 소재에 대한 따뜻한 인간미가 작품 속에 그대로 들어나고 있기 때문인데 사람들의 보편적 정서와 일치하는 경우가 많은 점도 편안하게 하는 하나의 이유가 되는 것 같다.

이 시인이 시를 쓰는 목적이랄까 바람은 아마도 다음 작품 속에 녹아 있지 않은가 보여 진다.

두 손으로
하늘 수놓으시듯
뭇소리를 조음 하소서

두 손으로
물결쳐 올리듯이
아름다움을 빚으소서

건반과 어우러져
가늘고 높은 현을 스치는
선율의 조화
왔다가 사라지는 내면의 울림 모아
순간을 가둠이여

열손가락으로

우주를 창조하시듯
몸통에서 퉁겨온 호흡 문질러
청아하게 옥구슬 굴리소서

그래서 가슴에 남겨질
태초의 악장으로
가난한 세상에 축음 되소서
심금에 젖어 끝 날까지 머무르소서.

-「율조(律調)」 전문 -

"건반을 두들기는 손"을 "펜을 든 손"으로, "선율의 조화"를 "원고"로 바꾸어 놓으면 바로 그가 창조하고자 하는 시에의 바램이 될 것이다. 즉 그는 시를 통하여 인생사의 조화와 아름다움, 그리고 청아한 옥구슬을 창조함으로 가난한 세상에 축음으로 남겨지는 시가 되기를 원하고 있는 것이다. 그는 그의 시가 많은 사람들의 심금에 젖어 세상이 끝날 때까지 사람들을 위로하는 축하의 언어가 되기를 바라는 것이다. 그런 꿈과 자세로 시를 쓰겠다는 다짐처럼 들린다.

그리고 그가 삶을 살아가는 여정에서 또 하나의 다른 바램을 찾는다면 다음 같은 시를 기억해 볼 수 있을 것이다.

때로는
사랑의 구속과 가장의 잘난 권리도 없는
그런 세상에서 살고 싶다
묶여있는 인연의 줄 다 끊고 철저하게

혼자이고 싶다 그래서
독한 외로움 풀어 자유케 하여
망종(亡終)길 다 가도록 이 독선의 뾰족함
내 얇은 살갗 문질러서
차라리
곤비(困憊)함으로, 온유함만 간직하고 싶다

으스름한 저녁 늦가을
마른 잎 쌓인 호젓한 산길에서
혹여 생의 바퀴 멈춰지는 날
높진 하늘 올려다보며
바람처럼
떠나고 싶을 때 있다.

-「만추서정(晩秋抒情)」전문 -

낙엽지는 늦가을에 느끼는 인생 여정의 고독이 잘 묻어나고 있다. 시인은 "사랑의 구속"이나 "가장의 권리"따위에서 벗어나 자유롭고 싶다는 이야기를 하고 있다. 그리고 "곤비함"과 "온유함"만을 간직하고 떠나고 싶다고 노래한다. 이는 역설적으로 이 시인의 삶이 사랑이나 가장의 권리 따위로 이 세상을 살아가는데 어려움을 겪고 있다는 이야기가 될 것이다. 우리가 이 세상을 살아가다 보면 누구나 몇 번 쯤은 이 복잡한 세상에서 벗어나 자유롭고 싶다는 생각을 가지게 되는데 그 보편적 정서를 찾아내고 있다. 그러나 그는 "철저한 혼자"에서 그치지 않고 "곤비함"이나 "온유함"을 간직하고 싶다고 한다. 이는 종교적인 사유의 언어로써 세상과의 허무적인 절연이 아니라 내세에 대한 희망을 가지는 절연을 제시하고 있다고 할 수 있다. 이는 자연에의 순응임과 동시에 새로운 희망을 이야기 하고 있는 것이라 할 것이다.

그래서 그의 시에는 자연을 보는 긍정의 시선이 있는 것이다. 가령 새해를 맞아 쓴 「가슴의 해」같은 작품에서도

뜨거운 가슴 출렁인다
맨 밑바닥에서 새해가 차오른다
점 점 주체할 수 없는 기쁨의 눈물 샘솟아
온몸을 적신다 희망에 싸인다
일몰을 향해 저문 길 가는 사람아
고개 돌려 새벽 빛 보라
어둔 세상 밝히려 차오르는 저
거룩하고 참된 마음을

-「가슴의 해」 중에서 -

라고 노래한다. 어찌 보면 신년 축하시 같은 시이지만 발표일을 보면 그렇질 않은 것 같다. 이는 그가 자연을 보는 시각이 거기에 있음을 이야기하는 것으로 보인다. 더욱이 거리의 봄이라는 작품에서는 부제가 - 실직자의 운명 앞에서 - 로 되어 있는데 첫 구에는 〈쓰러져 누운자 있다 / 어둠의 끝으로 밀리는자 있다 / 차가움에 굳어가는 자 있다〉 이렇게 묘사하다가 끝에는

여기저기서 쏟아지는

햇살 가득 받고
희망찬 새싹으로 키울 수 없는가
다시 일어날 수는 없는가

봄빛은 거리마다
넘실대는데.

라고 결구를 쓰고 있다. 이는 얼마나 긍정적인 자연관이요 인생관인가. 실직자의 아픈 상처를 들어내고 세상을 원망하는 대신 햇살 받으면서 희망을 가질 것을 바라고 있으니 말이다. 이같은 이 시인의 의지는 시편 이곳저곳에서 발견되는데 가령 「쉰 세 번째의 봄」에서도 지난 52년의 세월이 겨울 같은 세월이었다고 표현하면서도

이 찬란한 봄의 중심에 서서
끝으로 밀려난 가지를 위해
내 마지막 남은 사랑을 위해
발밑부터 물이
솟구친다.

고 결말을 내고 있는 것이다. 이런 점에서 이 시인은 절망보다는 희망을 노래하는 긍정적 시각으로 인생을 사는 사람이라는 것을 알 수 있고 그만큼 순응적 인생관을 가진 시인이라고 볼 수 있다. 그것이 바로 그의 예술관이자 인생관이 아닐까.

III

이 시집은 다섯장의 묶음으로 이루어졌는데 셋째와 넷째 두 묶음이 죽음의 주제로 되어 있다. 그만큼 이 시인은 죽음의 문제에 대하여 깊은 관심을 가지고 있다고 할 수 있다. 누구나 만나야 하는 문제요 피할 수 없는 문제이면서 두려움이 되기도 하는 문제이다. 인생에 있어서 죽음이란 산자들이 풀어보고 싶은 최대의 과제이지만 그 누구도 시원한 답을 얻지 못한 문제로 많은 시인들의 시적 오부제가 된 문제이다.

이 시인의 죽음에 대한 자세 또한 순응의 자리에 있다. 통탄함이나 억울함이나 분함이 아니라 인정적이요 감상적이며 교훈적이기 까지 한 언어가 주를 이루고 있다.

한 친구의 세상 떠남을 "죽음"과 "출상"과 "사십구일제" 그리고 "그 다음"을 연작으로 쓴 작품이 있다. A형의 혈액이 필요하다는 다급한 소식을 듣고 두 딸과 아내와 자기가 A형이어서 급하게 병원에 달려갔지만 이미 소생의 시간을 놓쳐 그냥 보낸 일을 마치 수필처럼 쓴 「벗은 가고」에 이어 흙에 묻고 돌아온 느낌을 쓴 「출상」, 절을 찾아가 사십구제를 지낸 과정을 묘사한 「비래사의 사십구일제」, 이렇게 한 친구를 보낸 과정을 시로 표현하고 있지만 그 어디에도 통한이나 비탄의 언어는 없다. 오히려 인정이나 그림움을 이야기 하고 인생의 교훈을 느끼고 있는 것이다.

사람들이 잊어가도 난 그럴 수 없다

세월이 그를 지운다고 나마저 그럴 순 없다
이름 석 자도 간수하지 못하고 떠나갔으니
흩어진 자음과 모음을 챙겨 비문을 새긴다
바람 불어와 계절이 차례로 쓰러져서
먼지처럼 망각이 그 기억을 덮는다 해도
결코
사는 날 까지 잡고 싶은 이름이여

-「흐르는 강물에 썰리는 이름일지라도」 중에서 -

친구의 생명을 구하기 위하여 헌혈하고자 하는 인정이나 결코 그 이름 잊을 수 없다는 인정, 여기에 그의 죽음관이 있다고 할 것이다. 오히려 이 시인에게는 친구의 죽음이 자신의 삶을 일깨워 주는 선물이 되기도 하는 것이다.

그래서
당신이 사라져간 허공을 바라보다
문득 느낍니다

죽음이 뭔지
그래서 삶이 뭔지를 깨닫습니다

당신 있어 나, 온전할 수 있었고
당신 통해 세상 볼 수 있었습니다

당신이 떠난 빈터에
그리움을 조금씩 채워갑니다

내 남은 삶은
온전한 당신의 선물이니까요.
-「선물」 전문-

아마도 죽음에 대한 이런 시인의 생각은 그의 종교와도 깊은 관계가 있는 것이 아닐까 보여진다. 나는 그가 어떤 종교를 가지고 있는지도 모른다. 그러나 그의 시 「동행3」에 보이는 〈건넨 성경책 갈피마다 / 그의 지문 찍히도록 혜안 주소서〉나 〈저 높은 곳만 바라게 하소서〉같은 시귀, 그리고 「경인 연력」에서 〈이웃을 내몸 같이 돌보지 않은 죄, 주님을 외면한 죄〉등의 시귀를 통하여 기독교 신자일 것으로 생각한다.

IV

안 시인의 시에서 중요한 분량을 차지하는 것이 여행과 관계된 시이다. 일일이 열거할 수 없이 많은 시들이 있는데 「도산십이곡」, 「목천 가는 길」, 「진양호에서」, 「청벽 다리를 건너서」, 「만리포 건너-」, 「안성 목장에서」, 「고북 저수지에 가면」, 「동해에서」, 「낙안읍성에서」, 「섬강을 따라간 이유」, 「영월 가는 길」, 「영평사」, 「오두산 통일 전망대」, 「월평공원에서」등이 그것이다.

많은 사람들이 지적한 것처럼 인생 또한 하나의 여행이다. 그래서 문학사적으로 많은 시인들이 여행을 통해서 작품들을 써 왔다. 그러나 같은 여행 소재의 작품이라 할지라도 보는 시인의 시각에 따라 여러 유형의 시를 남기고 있는데 안 시인은 다분히 서경적인 작품이 많다는 특징을 가진다.

경부고속국도를 거쳐 중부선, 장호원 내려 38번 국도로 간다
영월로 간다
남한강 건너 산 굽이굽이, 어린 단종 유배 길 간다
누렇게 익은 황금들녘 지나 인적 없는 산길 서면, 어느새 독한
외로움 타는 방랑자여라

- 「영월가는 길」 에서 -

동으로 동으로 말발굽 우렁차게 달린다
험산준령 진부, 대관령도 굴길 열려 수월하다
묵호와 삼척 걸친 동해시

- 「동해에서」 에서 -

큰길 버리고 꾸불꾸불
옛길로 간다
조치원 지나 목천 가다보면
눈부신 오월의 신록에, 닫힌 마음
하나씩 열리고
아련한 추억, 안개비로 온몸을 적신다

- 「목천 가는 길」 - 에서

백제의 고도 웅진성을 돌아서
무심한 역사는 흘러간다

무너져가는 둔치의 소리로
모래를 썰다가
더러는 격랑으로 휘돌며
강섶 부들 사이 젖은 바람으로 인다

-「청벽다리를 건너서」- 에서

더 예를 들지 않아도 충분하다. 여행의 시 첫구절 들이다. 여행을 통한 깊은 인생의 고뇌를 느끼기 보다는 다분히 스케치적인 묘사를 통하여 자신의 심경을 토로하는 시들이 주를 이룬다.

어떤 의미에서 이 시인은 일상의 생활에서 언제나 시를 생각하는, 그래서 여행 중에도 늘 시를 잊지 않고 있다는 것을 알 수 있게 해 주는 시에의 열정을 느끼게 한다. 그렇지만 이 같은 서경적 진술은 여행의 겉모습은 이해 할 수 있지만 더욱 더 여행의 속살이 가지는 인생적 의미는 맛보기 어렵다는 한계점을 가진다.

이쯤에서 그가 시 「율조」에서 노래한 그가 원하는 바, 바라는 시를 생각해 볼 필요가 있다. 과연 이 시인은 시를 통하여 성공적으로 '뭇소리를 조음'하고, '아름다움을 빚고' 있으며, '청아한 옥구슬'을 창조하여' '세상의 축음'이 되고 '끝 날까지 머물' 작품을 창조하고 있는가 하는 점을 되돌아 볼 필요가 있다는 점이다. 이 과제의 해결이야 말로 이 시집을 상재하는 참 의미가 될 것으로 믿는다.